SPOT

LOS SENTIMIENTOS

LOS CELOS

por Rachel Bach

amicus
LEARNING

brazos cruzados

llorar

Busca estas palabras e imágenes mientras lees.

hacer pucheros

mirar hacia otro lado

Los celos son un sentimiento. Significa querer lo que otros tienen.

Lily está celosa.
A su amiga le dieron
una golosina.
Hace pucheros.

hacer pucheros

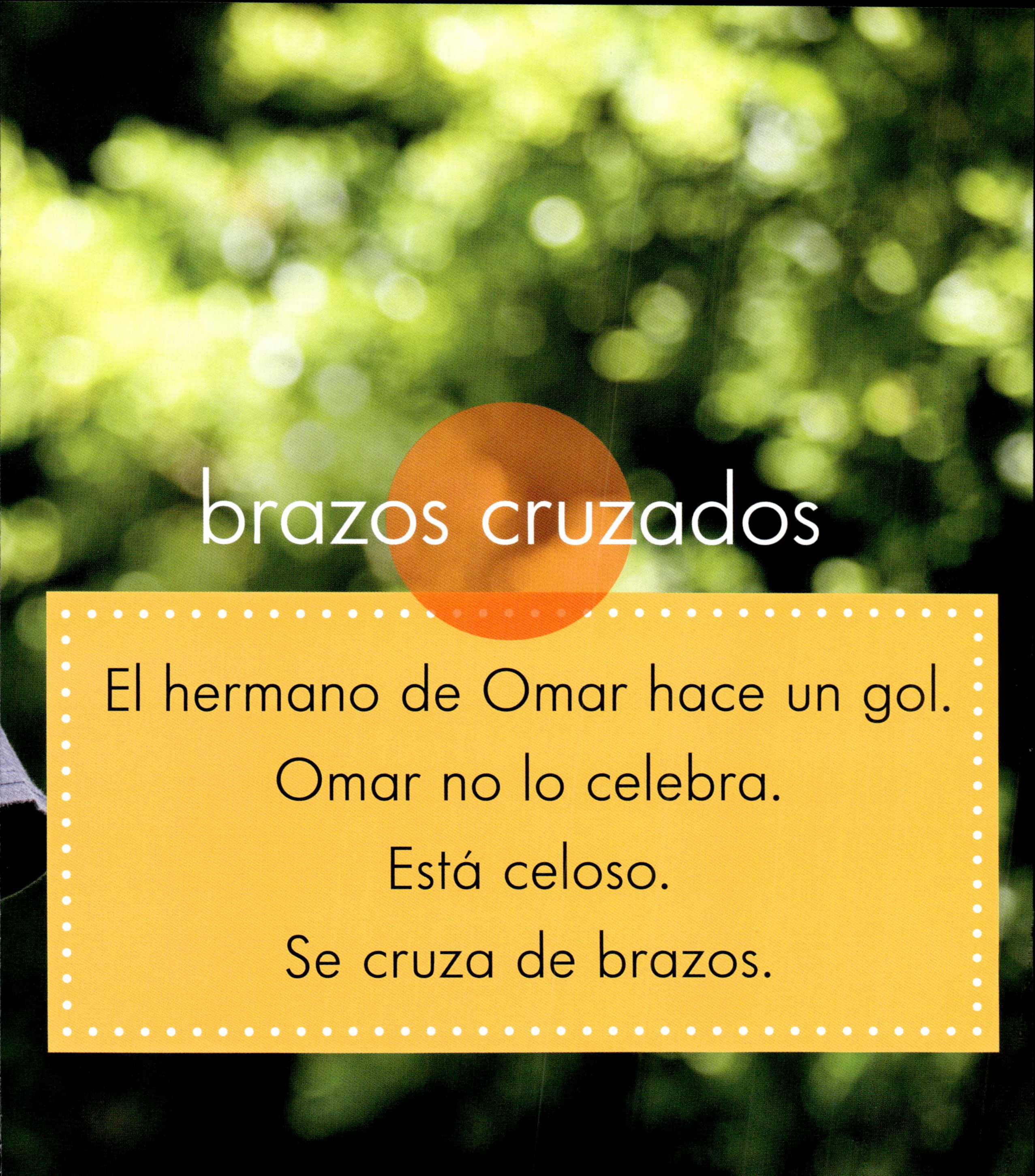

brazos cruzados

El hermano de Omar hace un gol.
Omar no lo celebra.
Está celoso.
Se cruza de brazos.

mirar hacia otro lado

Emma tiene un hermano menor.
Su papá pasa más tiempo
con él. Emma se siente sola.
Mira hacia otro lado.

Los amigos de Noah
hicieron una fiesta sin él.
Él quería ir.
Llora.

llorar

Es normal sentir celos.
Habla con un adulto.

¿Qué te da celos?

¿Lo encontraste?

brazos cruzados

llorar

hacer pucheros

mirar hacia otro lado

SPOT

Publicado por Amicus Learning, un sello de Amicus
P.O. Box 227, Mankato, MN 56002
www.amicuspublishing.us

Library of Congress Cataloging-in-Publication Data
Bach, Rachel, author.
Title: Los celos / by Rachel Bach.
Other titles: Jealous. Spanish
Description: Mankato, MN : Amicus Learning, an imprint of Amicus, [2025] | Series: Los sentimientos | Audience: Ages 4–7 | Audience: Grades K–1 | Summary: "What makes kids feel jealous? Translated into North American Spanish, encourage social-emotional learning with this beginning reader that introduces vocabulary for discussing feelings of jealousy with an engaging search-and-find feature"—Provided by publisher.
Identifiers: LCCN 2024021912 (print) | LCCN 2024021913 (ebook) | ISBN 9798892002752 (library binding) | ISBN 9798892002813 (paperback) | ISBN 9798892002875 (ebook)
Subjects: LCSH: Jealousy in children—Juvenile literature. | Jealousy—Juvenile literature.
Classification: LCC BF723.J4 B3318 2025 (print) | LCC BF723.J4 (ebook) | DDC 152.4/8—dc23/eng/20240621
LC record available at https://lccn.loc.gov/2024021912
LC ebook record available at https://lccn.loc.gov/2024021913

Impreso en China

Ana Brauer, editora
Deb Miner, diseñador de la serie
Kim Pfeffer, diseñador de libro y investigación fotográfica

Créditos de Imágenes: Dreamstime/Prostockstudio, 12–13; Freepik/freepik, 4–5; Getty Images/Mixmike, 10–11; Shutterstock/fizkes, 3, juan carlos tinjaca, 1, Lopolo, cover, nazarovsergey, 4–5, pixelheadphoto digitalskillet, 14, Tatyana Dzemileva, 8–9, wavebreakmedia, 6–7